AF309914

LA MISSION

DU

CARDINAL MAURICE DE SAVOIE

A LA COUR DE FRANCE

pour le mariage

DE VICTOR-AMÉDÉE, PRINCE DE PIÉMONT

(1618-1619)

CHAMBÉRY

IMPRIMERIE C.-P. MÉNARD, HÔTEL D'ALLINGES.

1894

L'AMBASSADE A PARIS

DU

CARDINAL MAURICE DE SAVOIE

pour le mariage de son frère Victor-Amédée.

1618-1619

FRANÇOIS MUGNIER

L'AMBASSADE A PARIS

DU

CARDINAL MAURICE DE SAVOIE

pour le mariage de son frère Victor-Amédée

1618-1619

Avec des notes sur le séjour de l'ambassade à Orléans,
tirées des archives municipales de cette ville.

Par M. **Paul LEROY,**

Docteur en droit.

CHAMBÉRY

IMPRIMERIE C.-P. MÉNARD, HÔTEL D'ALLINGES.

—

1894

M. Paul Leroy. d'Orléans, docteur en droit, qui, en 1893, avait adressé à la Société savoisienne d'histoire divers documents intéressants, lui a envoyé, en 1894, un long et important extrait des archives d'Orléans. Il est relatif au séjour que le cardinal Maurice de Savoie, fils du duc Charles-Emmanuel Ier, fit dans cette ville au commencement de novembre 1618, lorsqu'il se rendit à Paris avec le président Favre et François de Sales pour y traiter du mariage de Victor-Amédée, prince de Piémont, son frère aîné, avec Chrestienne ou Christine de France, sœur du roi Louis XIII.

La Société d'histoire ayant bien voulu nous confier le soin d'encadrer dans une notice un peu détaillée les renseignements fournis par M. Leroy, nous avons eu recours aux registres de l'ancien Sénat de Savoie et à quelques ouvrages historiques, tel que l'*Histoire de la régence de Christine de France*, par M. Claretta. Nous y avons trouvé, à notre tour, des renseignements peu connus et de nature à éclairer d'une lumière complète l'événement historique auquel prirent part les deux premiers personnages du dix-septième siècle, en Savoie, saint François de Sales et le président Favre.

.   F. M.

LA MISSION

DU CARDINAL MAURICE DE SAVOIE A LA COUR DE FRANCE
POUR LE MARIAGE DE VICTOR-AMÉDÉE Ier.

Charles-Emmanuel Ier, cessant pour un temps de guerroyer, venait de conclure la paix avec les Espagnols qui lui avaient restitué la ville de Verceil. Il songea alors à réaliser le mariage de son fils aîné Victor-Amédée (1) avec *Chrestienne* ou *Christine* de France, fille de Henri IV et de Marie de Médicis, née au Louvre le 10 février 1606.

Des pourparlers auxquels avait pris part le maréchal de Lesdiguières existaient déjà à ce sujet entre la Cour de Savoie et celle de France. En septembre 1618, lorsqu'il jugea que l'affaire pouvait être conclue, Charles-Emmanuel envoya auprés de Louis XIII une mission à la tête de laquelle il plaça son second fils le cardinal Maurice de Savoie, âgé alors de 24 ans, et qu'il eut soin d'entourer de personnages éminents dont les conseils et l'intervention devaient empêcher toute fausse démarche et vaincre les résistances qui pourraient encore se rencontrer. C'étaient Phili-

(1) Victor-Amédée, né le 8 mai 1587, était le second fils de Charles-Emmanuel Ier et de l'infante Catherine d'Espagne, fille de Philippe II ; il devint l'aîné de la famille lorsque son frère Philippe-Emmanuel mourut à Valladolid, le 9 février 1605, à l'âge de dix-neuf ans.

bert Scaglia, comte de Verrue (1) et son fils Auguste Manfred, comte de Caluse, Ottavio Viale, évêque de Saluces, le premier président du Sénat de Savoie, Antoine Favre (2), et le grand évêque de Genève-Annecy, François de Sales.

Le cardinal Maurice partit de Turin le 6 octobre ; il traversa les Alpes en litière, et marcha à petites journées, car il n'arriva à Montmélian (14 kilomètres de Chambéry) que le 17 (3). Peut-être y eut-il une entrevue avec le maréchal de Lesdiguières, qui serait, dans ce cas, venu de Grenoble le complimenter. Il ne quitta Chambéry ou Montmélian que le mardi 23 octobre. Le président Favre avait accepté sans peine la mission d'acompagner le jeune cardinal à la cour de France, mais il n'avait pas voulu partir sans avoir reçu du trésorier de Savoie l'argent nécessaire à son voyage, et que Son Excellence, le marquis Sigismond d'Est, gouverneur de Savoie, lui avait promis. C'est ce qu'il explique au duc dans une lettre qu'il lui écrit de Chambéry le 20 octobre :

(1) Il mourut à Paris le 12 ou le 13 mars 1619. François de Sales écrivit le 9 novembre à la comtesse de Verrue à Turin un récit du voyage.

(2) Quelques-uns de ces détails, la lettre du président Favre notamment, sont tirés du grand ouvrage de M. Gaudenzio Claretta, *Storia della Reggenza di Christina di Francia*, t. I, p. 5 et 7.

(3) Archives du Sénat de Savoie, Registre d'entrée des audiences de 1617 à 1620. Le premier président siégea encore le 22 octobre 1618 ; il ne reprit son service d'audience qu'à la rentrée suivante, 14 novembre 1619,

« Je ne pouvois recevoir commandement plus favorable que celui que m'a faict V. A. S. par sa lettre du 13, de suivre Monseigneur le Sérénissime prince cardinal en ce sien voyage, tant en ce qui concerne les affaires qu'il lui plaît me marquer, qu'en toutes autres occurences qui peuvent naître de sa négociation pour le service de S. A. S.

« Dieu sait et V. A. S. le saura, avec quelle diligence et fidélité je m'acquitterai de ce devoir pour le désir que j'ai de lui donner sujet de croire que je n'ai rien de si chéri ni de si précieux que le bien de son service, pour lequel, si la réputation que plusieurs me donnent, plus que mes mérites, peut produire quelque bon effet, je ne la tiendrai plus pour vaine et inutile comme je l'ai tenue jusqu'à présent. J'espère partir mardi prochain et de ce mois, si le seigneur trésorier ne me retarde pour l'argent que M. le marquis de Lans lui a ordonné de me bailler. »

Le compte des dépenses de la ville d'Orléans nous apprend que le président Favre et l'évêque de Genève se firent accompagner, le premier de son fils, le second d'un de ses frères (1).

(1) Le président Favre avait divers fils dont les plus connus sont René Favre, dit de la Valbonne, et Claude, dit Vaugelas. René, alors président du Conseil de Genevois à Annecy et sénateur, assista le 14 novembre 1618 à l'audience de rentrée du Sénat ; il n'accompagna donc pas son père à Paris ; peut-être ce compagnon fut-il Vaugelas et y noua-t-il alors les relations et les amitiés qui l'y fixèrent plus tard. — Le compagnon de l'évêque fut sans doute son frère Jean-François, qui devint

L'ambassade se composait de plus de deux cents personnes, grands seigneurs, évêques, abbés, officiers de palais et gens de service. Arrivée à Roanne elle s'embarqua sur la Loire jusqu'à Orléans. Louis XIII avait voulu qu'avant d'arriver à Paris, le cardinal reçut, à Orléans déjà, un brillant accueil. Afin de répondre à ce désir ou plutôt à cet ordre, le maire et les échevins d'Orléans envoyèrent à Gien, le 25 octobre, deux émissaires pour s'enquérir du moment précis où Maurice de Savoie et son cortège arriveraient dans leur ville.

Le cardinal débarqua à Orléans, au port de la Recouvrance le 31 octobre ; il fut logé à l'hôtel du comte de Saint-Pol. François de Sales ainsi que deux ou trois autres des principaux seigneurs y furent reçus aussi, ou bien hébergés chez d'autres grands personnages, puisque l'état des dépenses ne signale pas pour eux de frais d'hôtellerie. Le président Favre fut logé au *Barillet d'Orléans* avec trois seigneurs qui l'accompagnaient, son fils, à la *Coupe d'or*.

Voici la note détaillée des dépenses, s'élevant à plus de douze mille livres, qui durent être payées par la ville d'Orléans dans cette circonstance.

rapidement son suppléant dans la charge de grand aumônier de Christine de France, et obtint, grâce à l'intervention de la princesse, d'être nommé évêque *in partibus* et coadjuteur de François de Sales avec future succession, — qu'il n'attendit pas longtemps.

Réception de M. le Cardinal de Savoye.

Octobre et novembre 1618.

Mise et despense faictes par le rendant compte à la réception de *Monsieur le Cardinal de Savoye* (1) suivant les lettres de Sa Majesté adressantes aux dicts maire, eschevins, manans et habitans de ceste ville par lesquelles Sa Majesté mande et ordonne que le dict Seigneur Cardinal soit receu et de l'ordre qu'elle a voullu et entendu y estre tenu ainsy que le porte les dictes lettres signées *Louis* et plus bas *de Loménie*, des 10 et 15 octobre 1618. Et par les lettres de sa dicte majesté escriptes à Monseigneur le conte de Saint-Pol ausdictz maire et eschevins.

Surquoy et affin que l'intention de sa dicte majesté feust exécutée et suyvie, auroient les dicts maire et eschevins faict assemblée des habitants pour y faire entendre la vollonté de Sa Majesté et y apporter l'ordre quelle en peust recepvoir le contentement que pourroit désirer à l'arrivée et passage du dict Seigneur Cardinal. En la quelle assemblée auroict été résolu le chemin et ordre qu'il falloict tenir et les frais et despens qu'il conviendroict se feroient aux despens de la dicte ville ainsy que le porte le dict acte d'assemblée signé du dict Dubovs en date du 25ᵉ jour dudit octobre.

(1) Maurice de Savoie, troisième fils de Charles-Emmanuel Iᵉʳ et de l'infante Catherine d'Espagne, fille de Philippe II, né le 10 janvier 1593, fait cardinal en 1607, à l'âge de 14 ans, par le pape Paul V, était âgé de 25 ans lors de sa mission à Paris.

12

Estat par le menu des paiements faicts aux hostelliers et cabarrettiers pour le logement et nourritures qu'ils ont faictes aux Seigneurs Gentilshommes officiers serviteurs et aultres de la suitte du dict seigneur arresté par les dicts maire et eschevins par dellibération en fin dicelluy signée du dict Duboys du 12 du dict mois, ensemble une coppie d'arrest du conseil d'Estat collationnée par ledict Duboys portant la remise des deux tiers de la somme de 15,000 livres à la quelle cette dicte ville a esté taxée pour la subvention au lieu du sol par livre, selon que le porte le dit arrest, laquelle auroit esté faicte ausdicts maire et eschevins à cause des grands frais que leur auroit convenu faire pour la réception du dict Seigneur Cardinal toutes les quelles pièces sont cy rapportées pour la vériffication de ce chapistre.

—à Louis de la Boissière hostellier demeurant en ceste ville rue et proche la porte Bourgogne la somme de 60 livres tournois pour la despense faicte en sa maison par le frère de Monsieur l'evesque de Genefve (1) et aultres estant au nombre de dix sept hommes les quels estoient à la suite du dict Seigneur Cardinal et ce durant trois journées.

—à Marie Frette femme de Anthoine Aignan hostellier demourant à l'*Escu de France* du Martroy de ceste dicte ville la somme de cent livres à laquelle auroit esté composé pour la despense faicte en sa maison durant trois jours par Monsieur l'evesque de Saluce (2) [et les] personnes de sa suitte les tailleur tappicier et vallet de garde robbe du dict seigneur cardinal quatre hommes

(1) L'un des frères de saint François de Sales.
(2) Octave Viale, évèque de Saluces.

de *Monsieur de Lescavacie* (1), quatre valletz du dict seigneur Cardinal.

— à Yvon Durant hostellier demourant au *Lion d'Or* rue de la *Pierre Percée* la somme de 16 livres à laquelle a esté cheuy *(sic)* et composé avec le dict Durant pour la despense faicte en sa maison par l'appoticaire chirurgien et cirier du dict seigneur cardinal et trois compagnons durant trois jours.

— à Martin Fernault hostellier et cabarettier demourant à l'enseigne de *Sainct-Martin* de ceste dicte ville la somme de 54 livres à laquelle a esté composé pour la despence faicte en sa maison durant trois jours tant des Gentilshommes de la suitte du dict seigneur cardinal leurs serviteurs et quatre courriers d'icelluy.

— à Jehan Boucher hostellier demourant à *la Chausse bigarrée* la somme de 4 livres pour la despense faicte en sa maison durant deux jours par les deux valletz de chambre du dict seigneur cardinal.

— à Roze Hochereau femme de Toussainctz Sarazin hostellier demourant *au Croissant* rue de la porte Bannier la somme de 36 livres à laquelle a esté arresté la despense faicte en sa maison par les contes *Baumette* (?) *Théodore* (2) le *baron de Peleins* avec neuf de leur suitte et ce durant deux jours et demy tous lesquelz estaient à la suitte du dict seigneur cardinal.

— à Nicole Picard femme de Pierre Vaillant hostellier demourant *aux Pastoureaulx* à la Croix Morin de ceste

(1) Probablement Philibert Scaglia, comte de Verrue, qui accompagna le cardinal Maurice dans ce voyage.

(2) Il y avait dans l'entourage du cardinal un comte Théodore dont M. Claretta n'a pas connu le nom de famille.

dicte ville la somme de 35 livres pour la despence faicte
en sa maison durant trois jours par les sieurs conte *de
la Dune (?)* [et] *Marquis de la Susoie* (marquis de *Caluse ?)* deux gentilshommes et six serviteurs de la suitte
du dict seigneur cardinal.

— à Pierre Legrand hostellier demourant *aux Trois
Mores* forsbourg de la Porte Bourgogne la somme de
30 livres pour la despence faicte en sa maison d'une jour-
née et demye de onze personnes dix sept chevaulx et le
maistre de l'estable de l'escurye du dict seigneur cardinal.

— à Perrine Thoumin femme de Jehan Lemaire Maistre *du Chandelier d'Or* de la Porte Bourgogne la somme
de 65 livres pour la despence faicte en sa maison durant trois jours par six pages du dict seigneur cardinal
et de dix hommes de la suitte d'icelluy.

— à Magdalaine Gaillard femme de Nicaise de Brie
hostellier demourant au *Barillet d'Orléans* la somme de
44 livres cinq solz pour la despence faicte en sa maison
durant deux jours et demy par M. *l'abbé de Brolle*, son
frère chevalier (1), et quatre hommes qui les servoient,
M. le *président de Savoye* (2) trois seigneurs qui l'accompagnoient et neuf serviteurs de la suitte du dict seigneur cardinal.

— à Pierre Hue hostellier demeurant *à la Fleur de lis*
de la Croix Morin, la somme de 40 livres par le maistre d'hostel dix de sa compagnie et quatre serviteurs de

(1) L'abbé de Broglio, et probablement Amédée de Broglio
qui fut nommé gentilhomme de la princesse de Piémont.
(2) Le premier président du Sénat de Chambéry, Antoine
Favre.

la suitte du dict Seigneur Cardinal et ce durant deux jours et demy.

— à Louis Sanxon hostellier, demourant *au Moulin à vent* près la porte Saint-Vincent la somme de 9 livres t. pour la despence faicte en la dicte hostellerie par le pourvoieur du dict Seigneur Cardinal et de trois hommes avec luy durant deux jours et demy.

— à Denis Salle, hostellier demourant à la *Couppe d'or* près l'*ortie*, la somme de 60 livres pour la despence faicte en sa maison durant trois jours par le *fils de monsieur le président de Savoye*, ses serviteurs et les officiers et serviteurs du dict seigneur cardinal.

— à Michel Laysy hostelier demourant à *lortië*, la somme de 90 livres pour la despence faicte en sa maison par le sieur *De Cursy (?)*, dix gentilzhommes et quatre serviteurs de la suitte du dict seigneur cardinal durant trois jours.

— à Hierosme Lasseray demourant en l'hostellerie du *Héron*, près la pierre percée la somme de 80 livres pour la despence faicte en sa maison durant trois jours par le sieur *marquis d'Orsay*, douze gentilshommes, le mareschal des logis de Savoye et quinze vallets de la suitte sus dicte.

— à Jehan Ledru hostellier, demourant *aux trois cines* (cygnes) de la porte Bourgongne la somme de 36 livres a quoy a esté composé avec lui pour la despence faicte en sa maison durant trois jours par le *chevallier de Cornagnon Cabefeurme?* les sieurs *De Grilly* (1) et *Brune*, et leurs serviteurs.

— à Charles Chartier hostellier, demourant en l'hos-

(1) Noble savoisien.

16

tellerie *Sainte Barbe*, rue porte Bannier, la somme de
29 livres pour la despence faicte par huit vallets de pied
du dict seigneur cardinal.

— à Charlotte Ferry veufve Martin Charsonville, hostellier, demourant *à l'espervier* près l'estappe, la somme
de 18 livres, pour la despence faicte en sa maison durant
trois jours, par le sieur *Conte Morel* et ses gens au
nombre de six, de la dicte suitte.

— à Bernabé Couverct, hostellier demourant *au Saint-
Esprit*, rue de la porte Bannier la somme de 86 livres
pour la despence faicte en sa maison durant trois jours,
par les officiers serviteurs du *Baron de Parnaville*,
estant au nombre de dix-sept.

— à Catherine Bande femme de Jehan Billard, hostellier, demourant *au Reguard*, rue de Bourgongne, la
somme de 50 livres pour la despence faicte en sa maison
durant trois jours, par le sieur *marquis d'Aix* (1), assisté
de quatre gentilshommes, pages et serviteurs, au nombre
de onze.

— à Charles Faget paticier et hostellier demourant au
Martroy de ceste ville la somme de 60 livres à la quelle
a esté composé pour la despence faicte en sa maison
durant trois jours par les officiers et cuisiniers du dict
cardinal, estant au nombre de quinze.

— à Pierre Thigny cabarettier, demourant *a la fleur de
lis*, au dict Martroy la somme de 4 livres 10 solz, pour
la despence faicte en sa maison par les valletz de pied
et aultres de la ditte suitte.

— à Marie Baron femme du sieur Jacques, escuier

(1) D'une des plus grandes familles de Savoie.

demourant en ceste ville, la somme de 13 livres dix solz, pour le logement faict en sa maison durant trois jours, du controlleur argentier (1) fourier avec sept personnes pour le servir, de la suitte sus dicte.

— à Nouelle Binson veufve de deffunct Pierre Corbin, hostellière demourant au *Trois Mores,* du Martroy, la somme de 23 livres pour la despence faicte en sa maison durant trois jours, par les deux aulmoniers (2) du dict seigneur cardinal, leurs gens et serviteurs au nombre de huict.

— à Pierre Pelletier, hostellier demourant à la *Roze Rouge* rue porte Bannier, la somme de 100 livres pour la despence faicte en sa maison durant trois jours, par les officiers (3) du dict seigneur, les controlleurs fourriers et aultres officiers trois chevaulx et sept mullets.

— à Nicolas Peredoux hostellier demeurant *au grand A.* au martroy la somme de 8 livres 16 solz t. à quoy a esté composé pour la despense faicte en sa maison par *l'abbé de Bolesme,* son frère et quatre hommes de leur compagnie de la dicte suitte.

— à Simon Fourmy lung des archers et cinquanteniers de ceste ville d'Orléans la somme de 10 livres à luy ordonnée pour avoir esté exprès et a pied de ceste dicte ville jusques en celle de Gien pour savoir quant le dict Seigneur Cardinal arriveroit en ceste ville à faire lequel voiage il auroict vacqué par cinq journées entières à raison de 40 sols par jour.

(1) Le trésorier du prince cardinal était Bernardin Solaro *(La Reggenza,* I, p. 8, note 2*).*

(2) Ce n'était pas trop pour un cardinal.

(3) Parmi ces officiers il devait y avoir le secrétaire *Carron.*

18

— au dict Simon **Fourmy** la somme de 18 livres t. à
luy ordonnée pour un voiage par lui faict exprès et à
cheval en la ville de Gien pour attendre l'arrivée du dict
Seigneur Cardinal affin d'advertir lesdicts maire et eschevins tant à aller que retourner par quatre journées
entières.

— à Nicolas Plisson cirier demourant audict Orléans
la somme de 30 livres 19 solz 6 deniers t. à luy ordonnée
pour la vente qu'il a faicte tant de douze flambeaux de
cire jaulne à raison de 21 solz la livre qui ont servi à la
conduitte des Seigneurs de la suitte du dict Seigneur
Cardinal et des dicts maire et échevins pendant son
séjour en ceste ville, que de 3 douzaines de flambeaux
de cire blanche qui auroient esté baillez aux officiers
d'icelluy seigneur cardinal pour mettre dans les cham-
bres et servir à esclairer à icelluy seigneur et sa suitte à
la raison de 28 solz la livre.

— au dit Plisson la somme de 75 livres 12 solz pour la
vente qu'il a faicte à la dicte ville de 48 flambeaux de
cire jaulne poisant une livre et demie chacun qui re-
viennent à 72 livres le tout à raison de 25 solz la livre
qui ont servy à l'effect susdict.

— à Claude Moussard maistre menusier demeurant au
dict Orleans la somme de cent solz t. pour avoir par luy
à divers jours vacqué au dict hostel commung à travail-
ler de son mestier affin que le tout feust en bon estat à
cause du disner que les dicts sieurs maire et eschevins
auroient faict en icelluy au dict Seigneur Cardinal et
pour une guaise [caisse] de sappin.

— à Michel Prou et ses compagnons joueurs d'instru-
mens la somme de 12 livres t. à eux ordonnée pour
avoir par eulx joué de leurs instruments pendant le dis-

ner faict par les dicts maire et eschevins au dict hostel commung au dict Seigneur Cardinal le jour de la Toussainctz 1618.

— à Simon Prou consierge de la maison de Monseigneur le conte de Sainct Pol la somme de 100 livres t. à luy ordonnée pour avoir par luy fourny de meubles tapisscries linges litz vesselle Jestain de fayence et aultres ustensiles de mesnage et cuisine en l'hostel de moudit seigneur le Conte durant trois jours que le dict sieur Cardinal de Savoye est demouré en ceste ville logé en la dicte maison et à ses officiers, en oultre fourny de linge vesselle et aultres commodités au disner faict au dict hostel commung à mondict Seigneur le Cardinal les seigneurs qui l'accompagnoient ses officiers et aultres de sa suitte.

— aux cappitaine Guillaume Boutet, enseignes dixainiers (?) archers et cinquanteniers de ceste d. ville la somme de 58 livres 1 sol t. pour le service par eulx rendu tant jour que nuict soit pour la preparation de la reception et arrivée du dict Seigneur Cardinal durant son séjour jusques à son deppart. Et ce depuis le 29e jour d'octobre 1618 jusques au 3e novembre en suivant.

— à Claude Henry dit Gigot, Martin des Vignes, Lesnel, Artus de la porte et à Martin Desvignes le jeune, trompettes et bucynes de la dicte ville la somme de 6 livres t. pour avoir par eulx joué de leurs trompettes sur la rivière à l'arrivée du dict Seigneur Cardinal et à son partement de ceste ville.

— à Jehan Maupoinct concierge du dict hostel commung la somme de 43 livres 10 solz t. à luy ordonnée pour son remboursement de pareille somme qu'il a payée en achapt de poisson et marée qu'il auroict fournye aux officiers dudict Seigneur Cardinal les jours de vendredy 2 et samedy 3 novembre pour la maison dudict Seigneur.

— à Michelle Du Meslier fruictière femme de Michel Pougin demourant au dict Orléans la somme de 65 livres t. à elle ordonnée pour avoir fourny de fruicts de toutes sortes tant pour le disner faict en l'hostel de ville le jour et feste de Toussaincts au dict Seigneur Cardinal aux seigneurs qui l'assistoient et à ses officiers que de ceulx qui luy ont esté presentez à son arrivée et aux aultres jours pendant son séjour.

— à Quentin Marchand boullanger demourant au dict Orléans la somme de 16 livres 16 solz à lui ordonnée pour la vente qu'il a faicte de 24 douzaines de pin *(sic)* blanc qui a servy au disner faict au dict hostel commung à raison de 14 solz la douzaine.

— à Ester De boncourt femme de maistre Jehan Molan la somme de 16 livres t. à elle ordonnée pour avoir logé un gentilhomme servant et valletz de chambre du dict Seigneur Cardinal durant trois jours fourny de bois et chandelle et leur avoir faict la collation.

— à Jehan Lacollay et Charles Lorrin demourant au dict Orléans la somme de 24 livres t. pour 40 toises de lierre qu'ils ont mise tant à la porte de Recouvrance pour l'arrivée du dict Seigneur Cardinal qu'à l'hostel de Monseigneur le Conte de Sainct Pol où estoit le logement d'icelluy Seigneur Cardinal et aussi à l'hostel commung allentour des armoiries et tableaux le jour du dict disner à la raison de 13 sols t. la toise.

— à Anthoine Becquet droguiste demourant au dict Orleans la somme de 24 livres 13 sols t. pour la vente qu'il a faicte à la dicte ville de dragées et confitures sèches qui ont esté données et presentées audict Seigneur Cardinal au dict disner et à ceulx de sa suitte.

— à Guillaume Bruneau maistre *de la fleur de lis* de ceste ville la somme de 189 livres t. pour la vente qu'il a faicte à la dicte ville de 4 poinsons de vin d'Auvernat du creu du vignoble d'Orléans employé à faire présens au dict Seigneur Cardinal tant à son arrivée que ès jours qu'il a séjourné, aux Seigneurs qu'ils l'ont assisté, que au dict disner.

— à Martin Bouget maistre paticier au dict Orléans la somme de 406 livres t. à laquelle somme a esté composé et accordé avec luy tant au disner faict au dict hostel commung au dict Seigneur Cardinal et à sa suitte que pour les viandes fournies à ses officiers pour sa souppée du dict jour.

— à Blaise Bourgoin marchand voicturier par eaue demourant au dict Orléans la somme de 16 livres 15 sols t. assavoir 9 livres pour demy millier de bois de mousse 4 livres pour demy cent de fagots 55 sols pour demy cent de bourrées et 20 sols t. pour la voicture du dict bois qui auroict esté mené au logis du dict Seigneur Cardinal pour son chauffage et de sa compagnie à son arrivée et pendant son séjour.

— à Françoise Moreau femme de Jacques Compagnon l'ung des officiers de Mgr le conte de Saint Pol la somme de 6 livres à elle ordonnée pour le logement et fournissement du bois et chandelle par elle faict aux gens de la suitte du dict Seigneur Cardinal qui estoient logez en sa maison durant les dicts trois jours.

— à Germain Mautouchet maistre vitrier au dict Orléans la somme de 13 livres t. pour les œuvres de son mestier par luy faictes tant en la maison de Monsei-

gneur le conte de sainct Pol que au dict hostel commung pour l'arrivée et réception du dict Seigneur Cardinal.

— au dict Maupoinct, concierge, la somme de 106 livres 16 sols 6 deniers, tant pour son remboursement de
pareille somme qu'il a paiée par le menu à plusieurs personnes qui ont servy à l'arrivée du dict seigneur cardinal
et des carrouciers pour prendre le dict seigneur et
quantité de seigneurs de sa suitte sur le port de Recouvrance pour les amener ès maisons où leurs logemens
estoient donné, que pour plusieurs aultres frais faictz à
à l'arrivée, disner au dict hostel commung et durant le
séjour du dict seigneur.

— à Nicolas de la rue Marchant demourant au dict
Orléans, la somme de 5 livres 17 solz, assavoir quatre
livres dix solz tournois pour une core *(corde* (1) de bois
de mousle 55 solz pour demy cent de bourrées et douze
solz pour voicture du dict bois qui auroict esté mené au
logis de mon dict Seigneur le conte de Saint-Pol pour le
chauffage du dict Seigneur Cardinal.

— à Joseph Fourmy l'ung des archers de la dicte ville
la somme de 100 solz à lui ordonnée pour son remboursement de pareille somme qu'il a paiée à ceulx qui ont
nettoié le port de Recouvrance à cause de l'arrivée du
dict seigneur cardinal.

— à Abraham Ithier marchand chandellier en suif, la
somme de 7 livres 3 solz à lui ordonné pour la vente
qu'il a faicte à la dicte ville de vingt-sept livres de chandelle de suif qui auroit esté ordonnée et baillée aux gens
du dict seigneur cardinal.

(1) Mesure pour le bois, employée encore actuellement à
Annecy, équivalant à environ six stères. *Bois de moule,*
c'est-à-dire de 4 pieds de longueur, ou 1 mètre 33.

L'ambassade partit d'Orléans, le 3 ou le 4 novembre, dans les carrosses de la Cour et sous la direction de MM. de Béthune et de Modène, envoyés par le roi (1). Elle s'arrêta ensuite au Bourg-la-Reine, où l'on dîna somptueusement et où Maurice de Savoie reçut la visite des cardinaux de la Rochefoucauld et de Retz, du nonce, de l'ambassadeur de Venise et de quelques évêques (2). Poursuivant sa route vers Paris, il rencontra bientôt d'autres seigneurs : le duc de Nemours, son parent (3), le comte d'Auvergne. A Paris, il fut conduit à l'ancien hôtel du maréchal d'Ancre où il reçut la visite du nouveau favori, le duc de Luynes, qui, le soir même, le conduisit au Louvre où il eut une audience privée de Louis XIII. Le lendemain il fut reçu solennellement par le roi et par la reine, Anne d'Autriche.

Chrestienne, ou Christine de Bourbon, la jeune future, fière de sa qualité de fille de Henri IV, de sœur du roi de France, était assez peu satis-

(1) DOUGLAS ET ROMAN, *Actes et Correspondance de Lesdiguières*, II, p. 218 et suivantes ; 230 et suivantes.

(2) Parmi lesquels l'évêque de Belley, Pierre Camus, grand ami de saint François de Sales (préface du tome III des *Rationalia* du président Favre).

(3) Henri de Savoie, duc de Nemours et de Genevois (et non son frère Charles-Emmanuel mort en 1595). La Correspondance de Lesdiguières, *loc. cit.*, nous apprend que le duc de Nemours se faisait recommander au duc par le maréchal, afin de pouvoir obtenir plus facilement la rentrée des revenus de son apanage de Savoie.

faite d'épouser le prince de Piémont ; elle aurait voulu être reine, comme sa sœur Elisabeth, femme de Philippe IV, roi d'Espagne (1). Cependant, grâce à l'esprit du cardinal Maurice, à l'influence du président Favre et de François de Sales, qui lui donna publiquement la communion dans l'église des Jésuites, le 21 novembre, fête de la Présentation de la Vierge (2), elle accepta. On se serait d'ailleurs passé de son consentement, comme on le fit pour celui de la reine-mère, Marie de Médicis, « qui tint ce traitement plus cruel qu'aucun qu'elle eût reçu jusque-là (3) ». De riches cadeaux habilement distribués n'avaient pas nui au succès de l'affaire fortement appuyée par Lesdiguières et que, du reste, le roi voulait faire aboutir (4).

(1) Les regrets de Christine augmentèrent encore quand sa sœur Henriette-Marie épousa Charles Ier, roi d'Angleterre. Elle était, à la vérité, reine de Chypre et se fit appeler Madame Royale ; mais les choses n'allèrent pas toutes seules.

(2) *La Nunziatura in Francia di G. Bentivoglio ;* tome III, page 88.

(3) Collection Michaud ; *Mémoires de Richelieu,* première partie, t. I, p. 87. — M. de Saint-Genis, *Histoire de Savoie*, t. II, p. 259, fait, à tort, intervenir ici l'influence de Richelieu, car l'évêque de Luçon était alors en disgrâce avec la reine-mère. En 1618, il fut exilé à Avignon : « je passai toute l'année en cet exil » ; *Mémoires*, p. 182.

(4) Parmi les cadeaux distribués par le cardinal citons : 6.500 livres pour cinq tours de chaîne d'or à 1.300 florins le tour, donnés, trois à M. de la Fare, un au secrétaire du maréchal de Lesdiguières, l'autre à son maître d'hôtel ; et,

Le cardinal Maurice s'empressa de faire connaî-
tre l'heureuse nouvelle à son père et à son frère
alors à Rivoli. Le duc la transmit immédiatement
à son neveu, Sigismont d'Est, marquis de Lans (1),
gouverneur de Savoie ainsi qu'au Sénat.

De grandes fêtes furent célébrées à Turin à cette
occasion ; elles sont indiquées dans une notice de
M. Cl. Blanchard, membre de notre Société, d'a-
près le *Mercure françois* de 1618 (2).

La communication faite au Sénat est ainsi men-
tionnée dans son *registre des entrées* de janvier
1619 :

Le 6ᵉ jour de l'année 1619, fête des Rois, sur les huit
heures du matin fut advisé par un courrier venant de
Turin de la part de S. A. S. à l'Excellence de M. le
marquis de Lans, chevalier de l'ordre et lieutenant-
général deçà les Monts, l'alliance de mariage accompli
d'entre Monseigneur le prince Victor-Amédée, fils aîné
de Savoye et madame Christine de Bourbon, seconde
fille de France, sœur de sa Majesté très chrétienne. Et

plus tard, encore un tour de chaîne d'or de 1.300 florins à la
comédienne qui joua devant S. M. le 10 janvier ; 450 livres
au confesseur du roi pour la gravure de la face du bienheu-
reux Amédée. Comptes du trésorier Bernardin Solaro *(La
Reggenza,* t. I, p. 8, note 2. — Voir aussi DUFAYARD, *Le
Connétable de Lesdiguières,* p. 40)8.

(1) Fils de Philippe d'Est et de Marie de Savoie, fille lé-
gitimée du duc Emmanuel-Philibert, et sœur du duc régnant
Charles-Emmanuel Iᵉʳ.

(2) Dans le *Compte rendu des travaux de l'Académie
des belles-lettres, sciences et arts de Savoie ;* 3ᵉ série, tome
XI, p. XXXIII.

en signe de réjouissance à laquelle furent à l'instant
convoqués et assemblés au chasteau, messieurs les Conseillers, présidents, Sénateurs du Sénat, et messieurs
de la Chambre des Comptes pour, ensemblement avec
sa dite Exc. aller à Saint-François, et là avec actions
de graces a dieu, au grand contentement et applaudis-
sement de toute la population chanter le *Te Deum lau-
damus.* — Et à l'instant fut commandé par sa dite Exc.
qui fut publié par tous les carrefours de la ville a son
de tambour faire fête trois jours continuels, iceluy jour
des Rois compris, nettoier les rues (1), faire feu de joye
à la place du Chasteau sur le soir, avec assemblée de
gens d'armes comme est de coutume faisant tels exercices en signe de semblables réjouissances, ainsi qu'à
esté fait pendant les trois jours, comme aussi sonner
les cloches avec carillons par toutes les églises tant de
la ville que circonvoisines à l'heure de midi et sur le
soir, et tenir la nuit pendant les dits trois jours cierges
et chandelles ardantes aux fenestres visant sur les rues
tant en la ville qu'aux fauxbourgs. Et le premier jour
d'entrée des Messieurs ordonné au 8e jour de janvier
prolongé et renvoyé au 9.

L'on apprit bientôt que le contrat de mariage
serait passé le 11 janvier (2) ; ce fut une occasion
de continuer les réjouissances, et c'est ce qu'indi--
que encore le registre du Sénat.

(1) Peut-être enlever les neiges des rues, à moins qu'on
ne les nettoyât que dans les grandes occasions.

(2) A été publié par Guichenon, *Hist. généalogique*, t. V,
page 579.

Le 13 janvier second dimanche de cette année 1619,
continuant les réjouissances occasion de ce mariage, furent faits grands appareils par les feux de joye à la place
devant le Chasteau avec édifice de bois en façon de tour,
proche le baillage, dans et dehors lequel édifice fut
exibé le jeu de plusieurs manières de feux artificiels,
jouant tout en l'air et à l'environ de la dite tour que sus
et parmy les gens d'armes à pied qui a ceste occasion
estoient là assemblés avec l'afluence du peuple tant de
la ville que près d'icelle qui pour ce subjet avoit là
abordé. Néanmoings occasion de l'arrivée de certain ambassadeur de Venise (1) en cette ville fut sorçoyé a cet
exercice jusqu'au lendemain lundi 14 et publié par la
ville les exercices se devoir faire le dit jour sur le soir
ce que fut fait avec accomplissement de [feux de] joye
et contentement de tout le peuple illec assemblé, que
fut l'occasion qu'estant entrés de matin messieurs du
Sénat et de la Chambre furent priés [de] la part de S.
E. par l'organe de noble Jean Dominique Du Port,
secretaire d'Estat de S. A. et ordinaire audit Senat
sorçoyr à tous jugements et par ainsy après la prompte
issue des dits seigneurs tant du Sénat comme de la
Chambre, et n'aient esté procédé à aucun jugement ni
formalité pour tout ce jour, fut célébré feste jusques à la
consommation du dit feu de joye, avec continuation de
chandelles allumées aux fenestres (2).

(1) En 1620 les ambassadeurs vénitiens à Paris étaient
Angelo Contarini et *Guillaume Priuli*. C'est sans doute de
l'un d'eux qu'il s'agit ici.

(2) Ce compte rendu a été publié par M. Blanchard, *loc
cit.*, avec de légères variantes.

Les choses ayant ainsi marché rapidement, et
aussi bien que possible, le duc de Savoie hâta le
départ de son fils aîné et de son troisième fils, le
prince Thomas, qui devait l'accompagner. Le
maréchal de Lesdiguières vint leur rendre visite
à Montmélian (1), où ils arrivèrent le mardi 29
janvier 1619. Il les accompagna le lendemain à
Chambéry. Les nobles et les *enfants de la ville*
ou arquebusiers à cheval, allèrent à leur rencontre jusqu'à la chapelle de Myans. Les deux princes entrèrent à cheval dans leur bonne ville, Victor
tenant la droite, Lesdiguières au milieu, et le
prince Thomas à gauche, ainsi que le rapporte le
greffier du Sénat dans le procès-verbal suivant. Sa
rédaction n'est pas merveilleuse ; elle vaut mieux
cependant que celle du secrétaire de l'hôtel de
ville d'Orléans.

(1) Comme il l'avait fait déjà, semble-t-il, pour le cardinal
à son passage en octobre.— M. Blanchard demande d'où pro-
venait la si vive amitié de Lesdiguières pour la Maison de
Savoie, alors qu'il n'y avait pas bien longtemps il était son
plus redoutable ennemi. Sans doute, des relations, cordiales
alors, de la Cour de France avec Charles-Emmanuel I", mais
aussi de la reconnaissance du maréchal envers le duc qui —
accordait à la femme de Lesdiguières, Marie Mignon, son
ancienne maitresse, une assignation de 112.500 livres, une
très grosse somme, sur la gabelle du sel. (Extrait du compte
du trésorier Rolia, ou Roglia ; Saint-Génis, *Histoire de
Savoie,* II, p. 261, note 3).

Le mardy 29 janvier 1619, estant advertie l'Excellence de M. le Marquis de Lans que devoient arriver le soir au chasteau et préside de Montmélian les Altesses sérénissimes et illustrissimes princes Mgr Victor Amédée fils aisné de Savoye, et Mgr le prince Thomas son frère, avec leur train et équipage, comme aussi très illustre seigneur *François de Bonne,* Mareschal de France, gouverneur et lieutenant général pour sa Majesté très chrestienne en Dauphiné, et devoir venir le lendemain en ceste ville de Chambéry, en furent immédiatement advertis de la part de Sa dite Excellence messieurs les présidents conseillers et sénateurs de ce Souverain Sénat de Savoie, [ce qui] qu'occasionna que le palais de justice fut [fermé] pour l'entrée de relevée de ce jour ; et par conséquent pendant le séjour des susdits seigneurs en ceste ville, qui fut jusques au Jeudy dernier de ce mois, comme cy-après :

Le premier jour fut publié à son de tambour et néanmoings commandé les enfants de la ville et des faubourgs se tenir prests pour aller en parade avec armes, au devant de leurs Altesses et de M. le Mareschal en honneur, respect, obéissance et devoir à eux possibles comme à nre souverain prince, maistre et seigneur et convenable à telles et semblables arrivées.

En sorte que le lendemain mercredy 30 du dit mois, fut au devant de leurs Altesses et de mondit sieur Mareschal une compagnie d'arquebusiers à cheval, des

30

eufans de cette ville et plusieurs autres à part et séparés,
tant de noblesse que d'autres qualités honorables, jusques
au rencontre de leur Altesses à n^re Dame de Mians où
ils entendirent messe et firent l'avant-garde de cette
arrivée que fut faite en telle sorte :

Sçavoir, marchoient en teste les dits arquebusiers à
cheval et plusieurs gentilshommes tant savoisiens que
françois et immédiatement Mgr le prince majeur à droite, Monsieur le Mareschal de l'Esguedières *(sic)* au mil-
lieu et Mgr le prince Thomas à gauche. Après lesquels et
quelques gentilshommes du train de M. le Mareschal,
estoit sur litière S. E. à cause de son indisposition, et
marchoient en queue la trouppe de ses gardes.

De sorte qu'estant leurs altesses à l'entrée du rateau
et proche le pont de la porte de Montmeillan (à Chambéry) furent présentées en toute humilité, obéissance et
devoir à mon dit Seigneur le Prince Maieur (aîné)
Victor Amédée les clefs de la ville par noble et spectable
Pantaléon Vissod docteur ès-droits, avocat au Souverain
Sénat de Savoye, et premier scindic de Chambéry, en
l'assistance des autres consin lics, et fut par luy faite
l'harangue convenable et décente à tel et semblable sub-
ject, les quelles clefs furent souverainement acceptées de
mon dit seigneur par attouchement de sa main, comme
de mesme luy fut fait par le capitaine du chasteau, à l'entrée de la première porte d'iceluy.

La parade des enfans de ville et faubourgs estoit telle,
scavoir des deux costés des rues, dès la première porte
du faubourg de Montmeillan, passant par la rue de la
Juifverie jusques à celle du chasteau remplie de soldats
tant bourgeois que autres, Mousquetaires, Arquebousiers
et piquiers, où toute la population de toute part des rues

criait à haulte voix en signe de parfaite réjouissance, *Vive Savoye.*

Sur les 4 heures du soir furent assemblés solennellement en robes rouges nosseigneurs les conseillers présidents et sénateurs du Sénat et allèrent au devant féliciter leurs Altesses de leur arrivée et heureuse alliance, ou fut faite l'harangue par M. le Président de Charpenne pour l'absance de M. le premier président Favre, occupé à Paris pour le service de S. A. Et le lendemain jeudi, dernier janvier, après disner partirent leurs Altesses, avec semblables cérémonies, allégresses et réjouissances..... et à l'instant partit M. le Mareschal pour aller coucher à Barraux, et le lendemain s'en aller à Grenoble. (1)

Suivant le *Mercure françois* de 1619, les princes seraient arrivés le 1er février à Lyon, d'où ils se rendirent à Roanne où ils s'embarquèrent sur la Loire, mais le bateau n'allant pas assez vite à leur gré, ils le quittèrent à Bony et se rendirent en poste à Paris où ils arrivèrent dans la soirée du 7 février.

Là, les choses marchèrent rapidement, puisque le mariage put avoir lieu le 10 février 1619, jour où Christine accomplissait sa treizième année. Il fut célébré sans éclat par le cardinal de La Rochefoucauld, dans la chapelle royale du

______

(1) Cette pièce a été publiée également par M. Blanchard, *loc. cit*, p. xxxv et suivantes.

Louvre (1) ; mais, quelques jours après, le 12 et le 17 février, on donna des ballets, la *Forêt enchantée* et *Psyché*, qui coûtèrent des sommes énormes (2).

Si les princes de Savoie firent des cadeaux onéreux pour leurs finances ils reçurent d'amples compensations pécuniaires. Le cardinal Maurice, qui désirait vivement d'être nommé légat d'Avignon, aurait voulu obtenir cette haute fonction par l'intervention de Louis XIII. N'ayant pas réussi, il revint en Piémont, passant à Chambéry le 22 mars. De son côté Victor-Amédée briguait l'honneur de commander l'armée française ; on lui offrit la direction de 10.000 hommes de pied et de 2.000 cavaliers étrangers. Il refusa, pensant qu'il n'aurait là qu'un « commandement en l'air ». On lui donna alors la mission de réconcilier Marie de Médicis avec le roi et le duc de Luynes. Il se rendit auprès d'elle à Angoulême, accompagné de Christine et du prince Thomas. Leurs efforts furent couronnés de succès et ils purent ramener la reine-mère à Tours, où, le 5 septembre, elle fit la paix avec le roi son fils ; cependant, les

(1) M. Hermann Ferrero, qui a publié, au tome XX des *Miscellanea di Storia italiana*, une correspondance considérable et fort intéressante de la duchesse Christine et de sa sœur la reine d'Angleterre, dit, par inadvertance, que le mariage eut lieu à Lyon.

(2) *Mémoires du continuateur de Villars*, I, 597, cité par M. de Saint-Genis, II p. 259, note 1.

derniers accords furent l'œuvre du duc de Montba-
zon. Le duc de Savoie avait recommandé à son fils
d'être prudent et de ne jamais se fier à la reine-mère
dans les dîners (1). Le séjour à Tours s'étendit
de juillet à septembre 1619. Après avoir distri-
bué de riches et nombreux cadeaux dans l'entourage du roi, Victor-Amédée, la princesse et le
prince Thomas quittèrent Paris. Marchant à petites journées, ils s'arrêtèrent à Grenoble, où
Charles-Emmanuel Ier était venu les attendre
avec le nonce, l'ambassadeur de Venise et les
chevaliers de l'Ordre suprême. Il les quitta pour
leur préparer un voyage commode et facile à
travers la Maurienne et le Mont-Cenis (2). Victor-Amédée et sa suite arrivèrent à Chambéry le
22 octobre, où ils reçurent un accueil enthou-
siaste.

A Paris, l'évêque de Genève et le président du
Sénat de Savoie furent l'objet de grands honneurs. Favre a raconté dans la dédicace au duc

(1) *La Reggenza*, I, p. 15. — Voir, dans Guichenon, *loc.
cit.*, V, page 568, une lettre de Marie de Médicis à son
gendre Victor-Amédée, et une autre de celui-ci à la reine-
mère sur sa fuite de Blois; février et mai 1619.

(2) *La Reggenza*, I, p. 17. La lettre que le duc écrit de
Lanslebourg le 3 novembre, à son fils très aimé, *figlio
amatissimo*, et dans laquelle il énumère les préparatifs mi-
nutieux auxquels il s'est livré pour assurer aux époux des
logements convenables et une heureuse traversée des Alpes,
indique en même temps que son activité d'esprit, descen-
dant à tous les détails, son vif désir d'être agréable à sa bru.

Charles-Emmanuel Ier (1) qui précède le tome III
de ses *Rationnelles sur les Pandectes* (Rationalia ad Pandectas) les appréciations flatteuses
que portaient tout haut sur eux les jurisconsultes
environnant le carrosse dans lequel l'évêque et lui
se trouvaient en tiers avec le cardinal Maurice,
lorsqu'ils entrèrent dans la capitale. Il rapporte
aussi qu'il travailla à son ouvrage dans les rares
loisirs qu'il put trouver à Paris et à Tours auprès du prince Victor-Amédée (2). Puisqu'il suivit
les princes de Savoie à Tours, Favre, sans doute,
ne revint en Savoie qu'avec eux (3).

Le 21 octobre, la princesse de Piémont posa la
première pierre du monastère de la Visitation de
Grenoble ; l'évêque de Genève prononça un dis-

(1) Le deuxième volume avait été dédié au cardinal
Maurice.

(2) Ut toto eo tempore quod nuptias secutum est, si quid
a tuis negotiis ocii fuit, totum id, et Lutetiæ et Turoni, huic
tertiæ Rationalium parti jam inchoatæ, prosequendæ et
absolvendæ libenter impenderim.

(3) Favre se plaint qu'à son retour de Paris le mauvais
état de sa santé *(adversa valetudo)* ait, durant deux années,
retardé l'achèvement de son livre. M. Burnier, *Hist. du
Sénat de Savoie*, force la note en disant que le président
tomba gravement malade. Il n'en fut certainement pas
ainsi, car du 14 novembre 1619 au 18 janvier 1624 il n'a
pas manqué une seule des nombreuses audiences du Sénat,
comme en fait foi le *registre des entrées*. Il siégea encore
le 24 janvier 1624, le 15 et le 23 février, et mourut le 28, à
neuf heures du matin

cours à la cérémonie (1). Il est vraisemblable que le président Favre était rentré depuis quelques jours à Chambéry pour s'y concerter avec le gouverneur sur les honneurs à rendre aux époux.

Le greffier des audiences civiles se préparait à dresser aussi le procès-verbal des fêtes qui furent données à Chambéry à l'occasion du passage des princes ; la place destinée à son récit est restée en blanc. A raison sans doute de la magnificence (relative) qui y fut déployée, ces fêtes ont été décrites dans le *Livre du Cérémonial* du Sénat, qui parait avoir disparu de nos archives, puisque MM. Burnier et de Saint-Genis ont dû consulter *une copie* que le marquis Costa de Beauregard en possédait vers 1865. Ces fêtes sont d'ailleurs décrites complètement dans le *Traité historique de la Chambre des comptes* de Capré (2).

(1) Voir les diverses lettres de Saint-François de Sales sur son voyage à Paris avec les princes de Savoie (*Œuvres,* éd. Vivès, 1862, t. VII, p. 370-397 ; et éd. Migne, t. V et VII).
(2) Burnier, *Hist. du Sénat de Savoie,* I, p. 566.

Extrait
des *Mémoires de la Société d'histoire et d'archéologie,*
tome XXXIII.

226

www.ingramcontent.com/pod-product-compliance
Ingram Content Group UK Ltd.
Pitfield, Milton Keynes, MK11 3LW, UK
UKHW021652090726
13657UKWH00004B/1924